REGISTRE des OBJETS MOBILIERS

Conforme au code pénal

Raison Sociale : ....

Établissement : ....

N° Siren : ....

Date d'ouverture du registre : ....

Date de clôture du registre : ....

NUMÉRO d'ORDRE	DATE de l'ACHAT du dépôt ou de l'apport à l'échange	DESCRIPTION PRÉCISE de l'OBJET nature, dimensions, style, signature et éventuellement signes distinctifs, pour les véhicules automobiles, marque, type, numéro d'ordre dans la série du type (numéro à 17 chiffres), couleur	NOM, PRÉNOM ou dénomination sociale du vendeur, du déposant ou de l'apporteur à l'échange, qualité ou profession, domicile ou siège social

NATURE et NUMÉRO de la pièce d'identité présentée. Indication de l'autorité qui l'a délivrée et date de la délivrance	PRIX d'ACHAT (ou valeur vénale)	MODE de RÈGLEMENT	le CAS ÉCHÉANT décision de classement ou d'inscription de l'objet (loi du 31 décembre 1913)

NUMÉRO d'ORDRE	DATE de l'ACHAT du dépôt ou de l'apport à l'échange	DESCRIPTION PRÉCISE de l'OBJET nature, dimensions, style, signature et éventuellement signes distinctifs, pour les véhicules automobiles, marque, type, numéro d'ordre dans la série du type (numéro à 17 chiffres), couleur	NOM, PRÉNOM ou dénomination sociale du vendeur, du déposant ou de l'apporteur à l'échange, qualité ou profession, domicile ou siège social
NUMÉRO d'ORDRE	DATE de l'ACHAT du dépôt ou de l'apport à l'échange	DESCRIPTION PRÉCISE de l'OBJET nature, dimensions, style, signature et éventuellement signes distinctifs, pour les véhicules automobiles, marque, type, numéro d'ordre dans la série du type (numéro à 17 chiffres), couleur	NOM, PRÉNOM ou dénomination sociale du vendeur, du déposant ou de l'apporteur à l'échange, qualité ou profession, domicile ou siège social

NATURE et NUMÉRO de la pièce d'identité présentée. Indication de l'autorité qui l'a délivrée et date de la délivrance	PRIX d'ACHAT (ou valeur vénale)	MODE de RÈGLEMENT	le CAS ÉCHÉANT décision de classement ou d'inscription de l'objet (loi du 31 décembre 1913)

NUMÉRO d'ORDRE	DATE de l'ACHAT du dépôt ou de l'apport à l'échange	DESCRIPTION PRÉCISE de l'OBJET nature, dimensions, style, signature et éventuellement signes distinctifs, pour les véhicules automobiles, marque, type, numéro d'ordre dans la série du type (numéro à 17 chiffres), couleur	NOM, PRÉNOM ou dénomination sociale du vendeur, du déposant ou de l'apporteur à l'échange, qualité ou profession, domicile ou siège social

NATURE et NUMÉRO de la pièce d'identité présentée. Indication de l'autorité qui l'a délivrée et date de la délivrance	PRIX d'ACHAT (ou valeur vénale)	MODE de RÈGLEMENT	le CAS ÉCHÉANT décision de classement ou d'inscription de l'objet (loi du 31 décembre 1913)

NUMÉRO d'ORDRE	DATE de l'ACHAT du dépôt ou de l'apport à l'échange	DESCRIPTION PRÉCISE de l'OBJET nature, dimensions, style, signature et éventuellement signes distinctifs, pour les véhicules automobiles, marque, type, numéro d'ordre dans la série du type (numéro à 17 chiffres), couleur	NOM, PRÉNOM ou dénomination sociale du vendeur, du déposant ou de l'apporteur à l'échange, qualité ou profession, domicile ou siège social

NATURE et NUMÉRO de la pièce d'identité présentée. Indication de l'autorité qui l'a délivrée et date de la délivrance	PRIX d'ACHAT (ou valeur vénale)	MODE de RÈGLEMENT	le CAS ÉCHÉANT décision de classement ou d'inscription de l'objet (loi du 31 décembre 1913)

NUMÉRO d'ORDRE	DATE de l'ACHAT du dépôt ou de l'apport à l'échange	DESCRIPTION PRÉCISE de l'OBJET nature, dimensions, style, signature et éventuellement signes distinctifs, pour les véhicules automobiles, marque, type, numéro d'ordre dans la série du type (numéro à 17 chiffres), couleur	NOM, PRÉNOM ou dénomination sociale du vendeur, du déposant ou de l'apporteur à l'échange, qualité ou profession, domicile ou siège social

NATURE et NUMÉRO de la pièce d'identité présentée. Indication de l'autorité qui l'a délivrée et date de la délivrance	PRIX d'ACHAT (ou valeur vénale)	MODE de RÈGLEMENT	le CAS ÉCHÉANT décision de classement ou d'inscription de l'objet (loi du 31 décembre 1913)

NUMÉRO d'ORDRE	DATE de l'ACHAT du dépôt ou de l'apport à l'échange	DESCRIPTION PRÉCISE de l'OBJET nature, dimensions, style, signature et éventuellement signes distinctifs, pour les véhicules automobiles, marque, type, numéro d'ordre dans la série du type (numéro à 17 chiffres), couleur	NOM, PRÉNOM ou dénomination sociale du vendeur, du déposant ou de l'apporteur à l'échange, qualité ou profession, domicile ou siège social

NATURE et NUMÉRO de la pièce d'identité présentée. Indication de l'autorité qui l'a délivrée et date de la délivrance	PRIX d'ACHAT (ou valeur vénale)	MODE de RÈGLEMENT	le CAS ÉCHÉANT décision de classement ou d'inscription de l'objet (loi du 31 décembre 1913)

NUMÉRO d'ORDRE	DATE de l'ACHAT du dépôt ou de l'apport à l'échange	DESCRIPTION PRÉCISE de l'OBJET nature, dimensions, style, signature et éventuellement signes distinctifs, pour les véhicules automobiles, marque, type, numéro d'ordre dans la série du type (numéro à 17 chiffres), couleur	NOM, PRÉNOM ou dénomination sociale du vendeur, du déposant ou de l'apporteur à l'échange, qualité ou profession, domicile ou siège social

NATURE et NUMÉRO de la pièce d'identité présentée. Indication de l'autorité qui l'a délivrée et date de la délivrance	PRIX d'ACHAT (ou valeur vénale)	MODE de RÈGLEMENT	le CAS ÉCHÉANT décision de classement ou d'inscription de l'objet (loi du 31 décembre 1913)

NUMÉRO d'ORDRE	DATE de l'ACHAT du dépôt ou de l'apport à l'échange	DESCRIPTION PRÉCISE de l'OBJET nature, dimensions, style, signature et éventuellement signes distinctifs, pour les véhicules automobiles, marque, type, numéro d'ordre dans la série du type (numéro à 17 chiffres), couleur	NOM, PRÉNOM ou dénomination sociale du vendeur, du déposant ou de l'apporteur à l'échange, qualité ou profession, domicile ou siège social

NATURE et NUMÉRO de la pièce d'identité présentée. Indication de l'autorité qui l'a délivrée et date de la délivrance	PRIX d'ACHAT (ou valeur vénale)	MODE de RÈGLEMENT	le CAS ÉCHÉANT décision de classement ou d'inscription de l'objet (loi du 31 décembre 1913)

NUMÉRO d'ORDRE	DATE de l'ACHAT du dépôt ou de l'apport à l'échange	DESCRIPTION PRÉCISE de l'OBJET nature, dimensions, style, signature et éventuellement signes distinctifs, pour les véhicules automobiles, marque, type, numéro d'ordre dans la série du type (numéro à 17 chiffres), couleur	NOM, PRÉNOM ou dénomination sociale du vendeur, du déposant ou de l'apporteur à l'échange, qualité ou profession, domicile ou siège social
NUMÉRO d'ORDRE	DATE de l'ACHAT du dépôt ou de l'apport à l'échange	DESCRIPTION PRÉCISE de l'OBJET	NOM, PRÉNOM ou dénomination sociale du vendeur, du déposant ou de l'apporteur à l'échange, qualité ou profession, domicile ou siège social

NATURE et NUMÉRO de la pièce d'identité présentée. Indication de l'autorité qui l'a délivrée et date de la délivrance	PRIX d'ACHAT (ou valeur vénale)	MODE de RÈGLEMENT	le CAS ÉCHÉANT décision de classement ou d'inscription de l'objet (loi du 31 décembre 1913)

NUMÉRO d'ORDRE	DATE de l'ACHAT du dépôt ou de l'apport à l'échange	DESCRIPTION PRÉCISE de l'OBJET nature, dimensions, style, signature et éventuellement signes distinctifs, pour les véhicules automobiles, marque, type, numéro d'ordre dans la série du type (numéro à 17 chiffres), couleur	NOM, PRÉNOM ou dénomination sociale du vendeur, du déposant ou de l'apporteur à l'échange, qualité ou profession, domicile ou siège social

NATURE et NUMÉRO de la pièce d'identité présentée. Indication de l'autorité qui l'a délivrée et date de la délivrance	PRIX d'ACHAT (ou valeur vénale)	MODE de RÈGLEMENT	le CAS ÉCHÉANT décision de classement ou d'inscription de l'objet (loi du 31 décembre 1913)

NUMÉRO d'ORDRE	DATE de l'ACHAT du dépôt ou de l'apport à l'échange	DESCRIPTION PRÉCISE de l'OBJET nature, dimensions, style, signature et éventuellement signes distinctifs, pour les véhicules automobiles, marque, type, numéro d'ordre dans la série du type (numéro à 17 chiffres), couleur	NOM, PRÉNOM ou dénomination sociale du vendeur, du déposant ou de l'apporteur à l'échange, qualité ou profession, domicile ou siège social
NUMÉRO d'ORDRE	DATE de l'ACHAT du dépôt ou de l'apport à l'échange	DESCRIPTION PRÉCISE de l'OBJET nature, dimensions, style, signature et éventuellement signes distinctifs, pour les véhicules automobiles, marque, type, numéro d'ordre dans la série du type (numéro à 17 chiffres), couleur	NOM, PRÉNOM ou dénomination sociale du vendeur, du déposant ou de l'apporteur à l'échange, qualité ou profession, domicile ou siège social

NATURE et NUMÉRO de la pièce d'identité présentée. Indication de l'autorité qui l'a délivrée et date de la délivrance	PRIX d'ACHAT (ou valeur vénale)	MODE de RÈGLEMENT	le CAS ÉCHÉANT décision de classement ou d'inscription de l'objet (loi du 31 décembre 1913)

NUMÉRO d'ORDRE	DATE de l'ACHAT du dépôt ou de l'apport à l'échange	DESCRIPTION PRÉCISE de l'OBJET nature, dimensions, style, signature et éventuellement signes distinctifs, pour les véhicules automobiles, marque, type, numéro d'ordre dans la série du type (numéro à 17 chiffres), couleur	NOM, PRÉNOM ou dénomination sociale du vendeur, du déposant ou de l'apporteur à l'échange, qualité ou profession, domicile ou siège social

NATURE et NUMÉRO de la pièce d'identité présentée. Indication de l'autorité qui l'a délivrée et date de la délivrance	PRIX d'ACHAT (ou valeur vénale)	MODE de RÈGLEMENT	le CAS ÉCHÉANT décision de classement ou d'inscription de l'objet (loi du 31 décembre 1913)

NUMÉRO d'ORDRE	DATE de l'ACHAT du dépôt ou de l'apport à l'échange	DESCRIPTION PRÉCISE de l'OBJET nature, dimensions, style, signature et éventuellement signes distinctifs, pour les véhicules automobiles, marque, type, numéro d'ordre dans la série du type (numéro à 17 chiffres), couleur	NOM, PRÉNOM ou dénomination sociale du vendeur, du déposant ou de l'apporteur à l'échange, qualité ou profession, domicile ou siège social
NUMÉRO d'ORDRE	DATE de l'ACHAT du dépôt ou de l'apport à l'échange	DESCRIPTION PRÉCISE de l'OBJET	NOM, PRÉNOM ou dénomination sociale du vendeur, du déposant ou de l'apporteur à l'échange, qualité ou profession, domicile ou siège social

NATURE et NUMÉRO de la pièce d'identité présentée. Indication de l'autorité qui l'a délivrée et date de la délivrance	PRIX d'ACHAT (ou valeur vénale)	MODE de RÈGLEMENT	le CAS ÉCHÉANT décision de classement ou d'inscription de l'objet (loi du 31 décembre 1913)

NUMÉRO d'ORDRE	DATE de l'ACHAT du dépôt ou de l'apport à l'échange	DESCRIPTION PRÉCISE de l'OBJET nature, dimensions, style, signature et éventuellement signes distinctifs, pour les véhicules automobiles, marque, type, numéro d'ordre dans la série du type (numéro à 17 chiffres), couleur	NOM, PRÉNOM ou dénomination sociale du vendeur, du déposant ou de l'apporteur à l'échange, qualité ou profession, domicile ou siège social

NATURE et NUMÉRO de la pièce d'identité présentée. Indication de l'autorité qui l'a délivrée et date de la délivrance	PRIX d'ACHAT (ou valeur vénale)	MODE de RÈGLEMENT	le CAS ÉCHÉANT décision de classement ou d'inscription de l'objet (loi du 31 décembre 1913)

NUMÉRO d'ORDRE	DATE de l'ACHAT du dépôt ou de l'apport à l'échange	DESCRIPTION PRÉCISE de l'OBJET nature, dimensions, style, signature et éventuellement signes distinctifs, pour les véhicules automobiles, marque, type, numéro d'ordre dans la série du type (numéro à 17 chiffres), couleur	NOM, PRÉNOM ou dénomination sociale du vendeur, du déposant ou de l'apporteur à l'échange, qualité ou profession, domicile ou siège social

NATURE et NUMÉRO de la pièce d'identité présentée. Indication de l'autorité qui l'a délivrée et date de la délivrance	PRIX d'ACHAT (ou valeur vénale)	MODE de RÈGLEMENT	le CAS ÉCHÉANT décision de classement ou d'inscription de l'objet (loi du 31 décembre 1913)

NUMÉRO d'ORDRE	DATE de l'ACHAT du dépôt ou de l'apport à l'échange	DESCRIPTION PRÉCISE de l'OBJET nature, dimensions, style, signature et éventuellement signes distinctifs, pour les véhicules automobiles, marque, type, numéro d'ordre dans la série du type (numéro à 17 chiffres), couleur	NOM, PRÉNOM ou dénomination sociale du vendeur, du déposant ou de l'apporteur à l'échange, qualité ou profession, domicile ou siège social
NUMÉRO d'ORDRE	DATE de l'ACHAT du dépôt ou de l'apport à l'échange	DESCRIPTION PRÉCISE de l'OBJET nature, dimensions, style, signature et éventuellement signes distinctifs, pour les véhicules automobiles, marque, type, numéro d'ordre dans la série du type (numéro à 17 chiffres), couleur	NOM, PRÉNOM ou dénomination sociale du vendeur, du déposant ou de l'apporteur à l'échange, qualité ou profession, domicile ou siège social

NATURE et NUMÉRO de la pièce d'identité présentée. Indication de l'autorité qui l'a délivrée et date de la délivrance	PRIX d'ACHAT (ou valeur vénale)	MODE de RÈGLEMENT	le CAS ÉCHÉANT décision de classement ou d'inscription de l'objet (loi du 31 décembre 1913)

NUMÉRO d'ORDRE	DATE de l'ACHAT du dépôt ou de l'apport à l'échange	DESCRIPTION PRÉCISE de l'OBJET nature, dimensions, style, signature et éventuellement signes distinctifs, pour les véhicules automobiles, marque, type, numéro d'ordre dans la série du type (numéro à 17 chiffres), couleur	NOM, PRÉNOM ou dénomination sociale du vendeur, du déposant ou de l'apporteur à l'échange, qualité ou profession, domicile ou siège social

NATURE et NUMÉRO de la pièce d'identité présentée. Indication de l'autorité qui l'a délivrée et date de la délivrance	PRIX d'ACHAT (ou valeur vénale)	MODE de RÈGLEMENT	le CAS ÉCHÉANT décision de classement ou d'inscription de l'objet (loi du 31 décembre 1913)

NUMÉRO d'ORDRE	DATE de l'ACHAT du dépôt ou de l'apport à l'échange	DESCRIPTION PRÉCISE de l'OBJET nature, dimensions, style, signature et éventuellement signes distinctifs, pour les véhicules automobiles, marque, type, numéro d'ordre dans la série du type (numéro à 17 chiffres), couleur	NOM, PRÉNOM ou dénomination sociale du vendeur, du déposant ou de l'apporteur à l'échange, qualité ou profession, domicile ou siège social

NUMÉRO d'ORDRE	DATE de l'ACHAT du dépôt ou de l'apport à l'échange	DESCRIPTION PRÉCISE de l'OBJET nature, dimensions, style, signature et éventuellement signes distinctifs, pour les véhicules automobiles, marque, type, numéro d'ordre dans la série du type (numéro à 17 chiffres), couleur	NOM, PRÉNOM ou dénomination sociale du vendeur, du déposant ou de l'apporteur à l'échange, qualité ou profession, domicile ou siège social

NATURE et NUMÉRO de la pièce d'identité présentée. Indication de l'autorité qui l'a délivrée et date de la délivrance	PRIX d'ACHAT (ou valeur vénale)	MODE de RÈGLEMENT	le CAS ÉCHÉANT décision de classement ou d'inscription de l'objet (loi du 31 décembre 1913)

NUMÉRO d'ORDRE	DATE de l'ACHAT du dépôt ou de l'apport à l'échange	DESCRIPTION PRÉCISE de l'OBJET nature, dimensions, style, signature et éventuellement signes distinctifs, pour les véhicules automobiles, marque, type, numéro d'ordre dans la série du type (numéro à 17 chiffres), couleur	NOM, PRÉNOM ou dénomination sociale du vendeur, du déposant ou de l'apporteur à l'échange, qualité ou profession, domicile ou siège social
NUMÉRO d'ORDRE	DATE de l'ACHAT du dépôt ou de l'apport à l'échange		

NATURE et NUMÉRO de la pièce d'identité présentée. Indication de l'autorité qui l'a délivrée et date de la délivrance	PRIX d'ACHAT (ou valeur vénale)	MODE de RÈGLEMENT	le CAS ÉCHÉANT décision de classement ou d'inscription de l'objet (loi du 31 décembre 1913)

NUMÉRO d'ORDRE	DATE de l'ACHAT du dépôt ou de l'apport à l'échange	DESCRIPTION PRÉCISE de l'OBJET nature, dimensions, style, signature et éventuellement signes distinctifs, pour les véhicules automobiles, marque, type, numéro d'ordre dans la série du type (numéro à 17 chiffres), couleur	NOM, PRÉNOM ou dénomination sociale du vendeur, du déposant ou de l'apporteur à l'échange, qualité ou profession, domicile ou siège social

NATURE et NUMÉRO de la pièce d'identité présentée. Indication de l'autorité qui l'a délivrée et date de la délivrance	PRIX d'ACHAT (ou valeur vénale)	MODE de RÈGLEMENT	le CAS ÉCHÉANT décision de classement ou d'inscription de l'objet (loi du 31 décembre 1913)

NUMÉRO d'ORDRE	DATE de l'ACHAT du dépôt ou de l'apport à l'échange	DESCRIPTION PRÉCISE de l'OBJET nature, dimensions, style, signature et éventuellement signes distinctifs, pour les véhicules automobiles, marque, type, numéro d'ordre dans la série du type (numéro à 17 chiffres), couleur	NOM, PRÉNOM ou dénomination sociale du vendeur, du déposant ou de l'apporteur à l'échange, qualité ou profession, domicile ou siège social

NATURE et NUMÉRO de la pièce d'identité présentée. Indication de l'autorité qui l'a délivrée et date de la délivrance	PRIX d'ACHAT (ou valeur vénale)	MODE de RÈGLEMENT	le CAS ÉCHÉANT décision de classement ou d'inscription de l'objet (loi du 31 décembre 1913)

NUMÉRO d'ORDRE	DATE de l'ACHAT du dépôt ou de l'apport à l'échange	DESCRIPTION PRÉCISE de l'OBJET nature, dimensions, style, signature et éventuellement signes distinctifs, pour les véhicules automobiles, marque, type, numéro d'ordre dans la série du type (numéro à 17 chiffres), couleur	NOM, PRÉNOM ou dénomination sociale du vendeur, du déposant ou de l'apporteur à l'échange, qualité ou profession, domicile ou siège social
NUMÉRO d'ORDRE	DATE de l'ACHAT du dépôt ou de l'apport à l'échange	DESCRIPTION PRÉCISE de l'OBJET nature, dimensions, style, signature et éventuellement signes distinctifs, pour les véhicules automobiles, marque, type, numéro d'ordre dans la série du type (numéro à 17 chiffres), couleur	NOM, PRÉNOM ou dénomination sociale du vendeur, du déposant ou de l'apporteur à l'échange, qualité ou profession, domicile ou siège social

NATURE et NUMÉRO de la pièce d'identité présentée. Indication de l'autorité qui l'a délivrée et date de la délivrance	PRIX d'ACHAT (ou valeur vénale)	MODE de RÈGLEMENT	le CAS ÉCHÉANT décision de classement ou d'inscription de l'objet (loi du 31 décembre 1913)

NUMÉRO d'ORDRE	DATE de l'ACHAT du dépôt ou de l'apport à l'échange	DESCRIPTION PRÉCISE de l'OBJET nature, dimensions, style, signature et éventuellement signes distinctifs, pour les véhicules automobiles, marque, type, numéro d'ordre dans la série du type (numéro à 17 chiffres), couleur	NOM, PRÉNOM ou dénomination sociale du vendeur, du déposant ou de l'apporteur à l'échange, qualité ou profession, domicile ou siège social

NATURE et NUMÉRO de la pièce d'identité présentée. Indication de l'autorité qui l'a délivrée et date de la délivrance	PRIX d'ACHAT (ou valeur vénale)	MODE de RÈGLEMENT	le CAS ÉCHÉANT décision de classement ou d'inscription de l'objet (loi du 31 décembre 1913)

NUMÉRO d'ORDRE	DATE de l'ACHAT du dépôt ou de l'apport à l'échange	DESCRIPTION PRÉCISE de l'OBJET nature, dimensions, style, signature et éventuellement signes distinctifs, pour les véhicules automobiles, marque, type, numéro d'ordre dans la série du type (numéro à 17 chiffres), couleur	NOM, PRÉNOM ou dénomination sociale du vendeur, du déposant ou de l'apporteur à l'échange, qualité ou profession, domicile ou siège social

NATURE et NUMÉRO de la pièce d'identité présentée. Indication de l'autorité qui l'a délivrée et date de la délivrance	PRIX d'ACHAT (ou valeur vénale)	MODE de RÈGLEMENT	le CAS ÉCHÉANT décision de classement ou d'inscription de l'objet (loi du 31 décembre 1913)

NUMÉRO d'ORDRE	DATE de l'ACHAT du dépôt ou de l'apport à l'échange	DESCRIPTION PRÉCISE de l'OBJET nature, dimensions, style, signature et éventuellement signes distinctifs, pour les véhicules automobiles, marque, type, numéro d'ordre dans la série du type (numéro à 17 chiffres), couleur	NOM, PRÉNOM ou dénomination sociale du vendeur, du déposant ou de l'apporteur à l'échange, qualité ou profession, domicile ou siège social
NUMÉRO d'ORDRE	DATE de l'ACHAT du dépôt ou de l'apport à l'échange	DESCRIPTION PRÉCISE de l'OBJET nature, dimensions, style, signature et éventuellement signes distinctifs, pour les véhicules automobiles, marque, type, numéro d'ordre dans la série du type (numéro à 17 chiffres), couleur	NOM, PRÉNOM ou dénomination sociale du vendeur, du déposant ou de l'apporteur à l'échange, qualité ou profession, domicile ou siège social

NATURE et NUMÉRO de la pièce d'identité présentée. Indication de l'autorité qui l'a délivrée et date de la délivrance	PRIX d'ACHAT (ou valeur vénale)	MODE de RÈGLEMENT	le CAS ÉCHÉANT décision de classement ou d'inscription de l'objet (loi du 31 décembre 1913)

NUMÉRO d'ORDRE	DATE de l'ACHAT du dépôt ou de l'apport à l'échange	DESCRIPTION PRÉCISE de l'OBJET nature, dimensions, style, signature et éventuellement signes distinctifs, pour les véhicules automobiles, marque, type, numéro d'ordre dans la série du type (numéro à 17 chiffres), couleur	NOM, PRÉNOM ou dénomination sociale du vendeur, du déposant ou de l'apporteur à l'échange, qualité ou profession, domicile ou siège social

NATURE et NUMÉRO de la pièce d'identité présentée. Indication de l'autorité qui l'a délivrée et date de la délivrance	PRIX d'ACHAT (ou valeur vénale)	MODE de RÈGLEMENT	le CAS ÉCHÉANT décision de classement ou d'inscription de l'objet (loi du 31 décembre 1913)

NUMÉRO d'ORDRE	DATE de l'ACHAT du dépôt ou de l'apport à l'échange	DESCRIPTION PRÉCISE de l'OBJET nature, dimensions, style, signature et éventuellement signes distinctifs, pour les véhicules automobiles, marque, type, numéro d'ordre dans la série du type (numéro à 17 chiffres), couleur	NOM, PRÉNOM ou dénomination sociale du vendeur, du déposant ou de l'apporteur à l'échange, qualité ou profession, domicile ou siège social

NATURE et NUMÉRO de la pièce d'identité présentée. Indication de l'autorité qui l'a délivrée et date de la délivrance	PRIX d'ACHAT (ou valeur vénale)	MODE de RÈGLEMENT	le CAS ÉCHÉANT décision de classement ou d'inscription de l'objet (loi du 31 décembre 1913)

NUMÉRO d'ORDRE	DATE de l'ACHAT du dépôt ou de l'apport à l'échange	DESCRIPTION PRÉCISE de l'OBJET nature, dimensions, style, signature et éventuellement signes distinctifs, pour les véhicules automobiles, marque, type, numéro d'ordre dans la série du type (numéro à 17 chiffres), couleur	NOM, PRÉNOM ou dénomination sociale du vendeur, du déposant ou de l'apporteur à l'échange, qualité ou profession, domicile ou siège social
NUMÉRO d'ORDRE	DATE de l'ACHAT du dépôt ou de l'apport à l'échange	DESCRIPTION PRÉCISE de l'OBJET	NOM, PRÉNOM ou dénomination sociale du vendeur, du déposant ou de l'apporteur à l'échange, qualité ou profession, domicile ou siège social

NATURE et NUMÉRO de la pièce d'identité présentée. Indication de l'autorité qui l'a délivrée et date de la délivrance	PRIX d'ACHAT (ou valeur vénale)	MODE de RÈGLEMENT	le CAS ÉCHÉANT décision de classement ou d'inscription de l'objet (loi du 31 décembre 1913)

NUMÉRO d'ORDRE	DATE de l'ACHAT du dépôt ou de l'apport à l'échange	DESCRIPTION PRÉCISE de l'OBJET nature, dimensions, style, signature et éventuellement signes distinctifs, pour les véhicules automobiles, marque, type, numéro d'ordre dans la série du type (numéro à 17 chiffres), couleur	NOM, PRÉNOM ou dénomination sociale du vendeur, du déposant ou de l'apporteur à l'échange, qualité ou profession, domicile ou siège social

NATURE et NUMÉRO de la pièce d'identité présentée. Indication de l'autorité qui l'a délivrée et date de la délivrance	PRIX d'ACHAT (ou valeur vénale)	MODE de RÈGLEMENT	le CAS ÉCHÉANT décision de classement ou d'inscription de l'objet (loi du 31 décembre 1913)

NUMÉRO d'ORDRE	DATE de l'ACHAT du dépôt ou de l'apport à l'échange	DESCRIPTION PRÉCISE de l'OBJET nature, dimensions, style, signature et éventuellement signes distinctifs, pour les véhicules automobiles, marque, type, numéro d'ordre dans la série du type (numéro à 17 chiffres), couleur	NOM, PRÉNOM ou dénomination sociale du vendeur, du déposant ou de l'apporteur à l'échange, qualité ou profession, domicile ou siège social
NUMÉRO d'ORDRE	DATE de l'ACHAT du dépôt ou de l'apport à l'échange	DESCRIPTION PRÉCISE de l'OBJET nature, dimensions, style, signature et éventuellement signes distinctifs, pour les véhicules automobiles, marque, type, numéro d'ordre dans la série du type (numéro à 17 chiffres), couleur	NOM, PRÉNOM ou dénomination sociale du vendeur, du déposant ou de l'apporteur à l'échange, qualité ou profession, domicile ou siège social

NATURE et NUMÉRO de la pièce d'identité présentée. Indication de l'autorité qui l'a délivrée et date de la délivrance	PRIX d'ACHAT (ou valeur vénale)	MODE de RÈGLEMENT	le CAS ÉCHÉANT décision de classement ou d'inscription de l'objet (loi du 31 décembre 1913)

NUMÉRO d'ORDRE	DATE de l'ACHAT du dépôt ou de l'apport à l'échange	DESCRIPTION PRÉCISE de l'OBJET nature, dimensions, style, signature et éventuellement signes distinctifs, pour les véhicules automobiles, marque, type, numéro d'ordre dans la série du type (numéro à 17 chiffres), couleur	NOM, PRÉNOM ou dénomination sociale du vendeur, du déposant ou de l'apporteur à l'échange, qualité ou profession, domicile ou siège social

NATURE et NUMÉRO de la pièce d'identité présentée. Indication de l'autorité qui l'a délivrée et date de la délivrance	PRIX d'ACHAT (ou valeur vénale)	MODE de RÈGLEMENT	le CAS ÉCHÉANT décision de classement ou d'inscription de l'objet (loi du 31 décembre 1913)

NUMÉRO d'ORDRE	DATE de l'ACHAT du dépôt ou de l'apport à l'échange	DESCRIPTION PRÉCISE de l'OBJET nature, dimensions, style, signature et éventuellement signes distinctifs, pour les véhicules automobiles, marque, type, numéro d'ordre dans la série du type (numéro à 17 chiffres), couleur	NOM, PRÉNOM ou dénomination sociale du vendeur, du déposant ou de l'apporteur à l'échange, qualité ou profession, domicile ou siège social

NATURE et NUMÉRO de la pièce d'identité présentée. Indication de l'autorité qui l'a délivrée et date de la délivrance	PRIX d'ACHAT (ou valeur vénale)	MODE de RÈGLEMENT	le CAS ÉCHÉANT décision de classement ou d'inscription de l'objet (loi du 31 décembre 1913)

NUMÉRO d'ORDRE	DATE de l'ACHAT du dépôt ou de l'apport à l'échange	DESCRIPTION PRÉCISE de l'OBJET nature, dimensions, style, signature et éventuellement signes distinctifs, pour les véhicules automobiles, marque, type, numéro d'ordre dans la série du type (numéro à 17 chiffres), couleur	NOM, PRÉNOM ou dénomination sociale du vendeur, du déposant ou de l'apporteur à l'échange, qualité ou profession, domicile ou siège social

NATURE et NUMÉRO de la pièce d'identité présentée. Indication de l'autorité qui l'a délivrée et date de la délivrance	PRIX d'ACHAT (ou valeur vénale)	MODE de RÈGLEMENT	le CAS ÉCHÉANT décision de classement ou d'inscription de l'objet (loi du 31 décembre 1913)

NUMÉRO d'ORDRE	DATE de l'ACHAT du dépôt ou de l'apport à l'échange	DESCRIPTION PRÉCISE de l'OBJET nature, dimensions, style, signature et éventuellement signes distinctifs, pour les véhicules automobiles, marque, type, numéro d'ordre dans la série du type (numéro à 17 chiffres), couleur	NOM, PRÉNOM ou dénomination sociale du vendeur, du déposant ou de l'apporteur à l'échange, qualité ou profession, domicile ou siège social

NATURE et NUMÉRO de la pièce d'identité présentée. Indication de l'autorité qui l'a délivrée et date de la délivrance	PRIX d'ACHAT (ou valeur vénale)	MODE de RÈGLEMENT	le CAS ÉCHÉANT décision de classement ou d'inscription de l'objet (loi du 31 décembre 1913)

NUMÉRO d'ORDRE	DATE de l'ACHAT du dépôt ou de l'apport à l'échange	DESCRIPTION PRÉCISE de l'OBJET nature, dimensions, style, signature et éventuellement signes distinctifs, pour les véhicules automobiles, marque, type, numéro d'ordre dans la série du type (numéro à 17 chiffres), couleur	NOM, PRÉNOM ou dénomination sociale du vendeur, du déposant ou de l'apporteur à l'échange, qualité ou profession, domicile ou siège social
NUMÉRO d'ORDRE	DATE de l'ACHAT du dépôt ou de l'apport à l'échange	DESCRIPTION PRÉCISE de l'OBJET nature, dimensions, style, signature et éventuellement signes distinctifs, pour les véhicules automobiles, marque, type, numéro d'ordre dans la série du type (numéro à 17 chiffres), couleur	NOM, PRÉNOM ou dénomination sociale du vendeur, du déposant ou de l'apporteur à l'échange, qualité ou profession, domicile ou siège social

NATURE et NUMÉRO de la pièce d'identité présentée. Indication de l'autorité qui l'a délivrée et date de la délivrance	PRIX d'ACHAT (ou valeur vénale)	MODE de RÈGLEMENT	le CAS ÉCHÉANT décision de classement ou d'inscription de l'objet (loi du 31 décembre 1913)

NUMÉRO d'ORDRE	DATE de l'ACHAT du dépôt ou de l'apport à l'échange	DESCRIPTION PRÉCISE de l'OBJET nature, dimensions, style, signature et éventuellement signes distinctifs, pour les véhicules automobiles, marque, type, numéro d'ordre dans la série du type (numéro à 17 chiffres), couleur	NOM, PRÉNOM ou dénomination sociale du vendeur, du déposant ou de l'apporteur à l'échange, qualité ou profession, domicile ou siège social

NATURE et NUMÉRO de la pièce d'identité présentée. Indication de l'autorité qui l'a délivrée et date de la délivrance	PRIX d'ACHAT (ou valeur vénale)	MODE de RÈGLEMENT	le CAS ÉCHÉANT décision de classement ou d'inscription de l'objet (loi du 31 décembre 1913)

NUMÉRO d'ORDRE	DATE de l'ACHAT du dépôt ou de l'apport à l'échange	DESCRIPTION PRÉCISE de l'OBJET nature, dimensions, style, signature et éventuellement signes distinctifs, pour les véhicules automobiles, marque, type, numéro d'ordre dans la série du type (numéro à 17 chiffres), couleur	NOM, PRÉNOM ou dénomination sociale du vendeur, du déposant ou de l'apporteur à l'échange, qualité ou profession, domicile ou siège social

NATURE et NUMÉRO de la pièce d'identité présentée. Indication de l'autorité qui l'a délivrée et date de la délivrance	PRIX d'ACHAT (ou valeur vénale)	MODE de RÈGLEMENT	le CAS ÉCHÉANT décision de classement ou d'inscription de l'objet (loi du 31 décembre 1913)

NUMÉRO d'ORDRE	DATE de l'ACHAT du dépôt ou de l'apport à l'échange	DESCRIPTION PRÉCISE de l'OBJET nature, dimensions, style, signature et éventuellement signes distinctifs, pour les véhicules automobiles, marque, type, numéro d'ordre dans la série du type (numéro à 17 chiffres), couleur	NOM, PRÉNOM ou dénomination sociale du vendeur, du déposant ou de l'apporteur à l'échange, qualité ou profession, domicile ou siège social

NATURE et NUMÉRO de la pièce d'identité présentée. Indication de l'autorité qui l'a délivrée et date de la délivrance	PRIX d'ACHAT (ou valeur vénale)	MODE de RÈGLEMENT	le CAS ÉCHÉANT décision de classement ou d'inscription de l'objet (loi du 31 décembre 1913)

NUMÉRO d'ORDRE	DATE de l'ACHAT du dépôt ou de l'apport à l'échange	DESCRIPTION PRÉCISE de l'OBJET nature, dimensions, style, signature et éventuellement signes distinctifs, pour les véhicules automobiles, marque, type, numéro d'ordre dans la série du type (numéro à 17 chiffres), couleur	NOM, PRÉNOM ou dénomination sociale du vendeur, du déposant ou de l'apporteur à l'échange, qualité ou profession, domicile ou siège social

NATURE et NUMÉRO de la pièce d'identité présentée. Indication de l'autorité qui l'a délivrée et date de la délivrance	PRIX d'ACHAT (ou valeur vénale)	MODE de RÈGLEMENT	le CAS ÉCHÉANT décision de classement ou d'inscription de l'objet (loi du 31 décembre 1913)

NUMÉRO d'ORDRE	DATE de l'ACHAT du dépôt ou de l'apport à l'échange	DESCRIPTION PRÉCISE de l'OBJET nature, dimensions, style, signature et éventuellement signes distinctifs, pour les véhicules automobiles, marque, type, numéro d'ordre dans la série du type (numéro à 17 chiffres), couleur	NOM, PRÉNOM ou dénomination sociale du vendeur, du déposant ou de l'apporteur à l'échange, qualité ou profession, domicile ou siège social

NATURE et NUMÉRO de la pièce d'identité présentée. Indication de l'autorité qui l'a délivrée et date de la délivrance	PRIX d'ACHAT (ou valeur vénale)	MODE de RÈGLEMENT	le CAS ÉCHÉANT décision de classement ou d'inscription de l'objet (loi du 31 décembre 1913)

NUMÉRO d'ORDRE	DATE de l'ACHAT du dépôt ou de l'apport à l'échange	DESCRIPTION PRÉCISE de l'OBJET nature, dimensions, style, signature et éventuellement signes distinctifs, pour les véhicules automobiles, marque, type, numéro d'ordre dans la série du type (numéro à 17 chiffres), couleur	NOM, PRÉNOM ou dénomination sociale du vendeur, du déposant ou de l'apporteur à l'échange, qualité ou profession, domicile ou siège social
NUMÉRO d'ORDRE	DATE de l'ACHAT du dépôt ou de l'apport à l'échange	DESCRIPTION PRÉCISE de l'OBJET nature, dimensions, style, signature et éventuellement signes distinctifs, pour les véhicules automobiles, marque, type, numéro d'ordre dans la série du type (numéro à 17 chiffres), couleur	NOM, PRÉNOM ou dénomination sociale du vendeur, du déposant ou de l'apporteur à l'échange, qualité ou profession, domicile ou siège social

NATURE et NUMÉRO de la pièce d'identité présentée. Indication de l'autorité qui l'a délivrée et date de la délivrance	PRIX d'ACHAT (ou valeur vénale)	MODE de RÈGLEMENT	le CAS ÉCHÉANT décision de classement ou d'inscription de l'objet (loi du 31 décembre 1913)

NUMÉRO d'ORDRE	DATE de l'ACHAT du dépôt ou de l'apport à l'échange	DESCRIPTION PRÉCISE de l'OBJET nature, dimensions, style, signature et éventuellement signes distinctifs, pour les véhicules automobiles, marque, type, numéro d'ordre dans la série du type (numéro à 17 chiffres), couleur	NOM, PRÉNOM ou dénomination sociale du vendeur, du déposant ou de l'apporteur à l'échange, qualité ou profession, domicile ou siège social

NATURE et NUMÉRO de la pièce d'identité présentée. Indication de l'autorité qui l'a délivrée et date de la délivrance	PRIX d'ACHAT (ou valeur vénale)	MODE de RÈGLEMENT	le CAS ÉCHÉANT décision de classement ou d'inscription de l'objet (loi du 31 décembre 1913)

NUMÉRO d'ORDRE	DATE de l'ACHAT du dépôt ou de l'apport à l'échange	DESCRIPTION PRÉCISE de l'OBJET nature, dimensions, style, signature et éventuellement signes distinctifs, pour les véhicules automobiles, marque, type, numéro d'ordre dans la série du type (numéro à 17 chiffres), couleur	NOM, PRÉNOM ou dénomination sociale du vendeur, du déposant ou de l'apporteur à l'échange, qualité ou profession, domicile ou siège social

NATURE et NUMÉRO de la pièce d'identité présentée. Indication de l'autorité qui l'a délivrée et date de la délivrance	PRIX d'ACHAT (ou valeur vénale)	MODE de RÈGLEMENT	le CAS ÉCHÉANT décision de classement ou d'inscription de l'objet (loi du 31 décembre 1913)

NUMÉRO d'ORDRE	DATE de l'ACHAT du dépôt ou de l'apport à l'échange	DESCRIPTION PRÉCISE de l'OBJET nature, dimensions, style, signature et éventuellement signes distinctifs, pour les véhicules automobiles, marque, type, numéro d'ordre dans la série du type (numéro à 17 chiffres), couleur	NOM, PRÉNOM ou dénomination sociale du vendeur, du déposant ou de l'apporteur à l'échange, qualité ou profession, domicile ou siège social

NATURE et NUMÉRO de la pièce d'identité présentée. Indication de l'autorité qui l'a délivrée et date de la délivrance	PRIX d'ACHAT (ou valeur vénale)	MODE de RÈGLEMENT	le CAS ÉCHÉANT décision de classement ou d'inscription de l'objet (loi du 31 décembre 1913)

NUMÉRO d'ORDRE	DATE de l'ACHAT du dépôt ou de l'apport à l'échange	DESCRIPTION PRÉCISE de l'OBJET nature, dimensions, style, signature et éventuellement signes distinctifs, pour les véhicules automobiles, marque, type, numéro d'ordre dans la série du type (numéro à 17 chiffres), couleur	NOM, PRÉNOM ou dénomination sociale du vendeur, du déposant ou de l'apporteur à l'échange, qualité ou profession, domicile ou siège social

NATURE et NUMÉRO de la pièce d'identité présentée. Indication de l'autorité qui l'a délivrée et date de la délivrance	PRIX d'ACHAT (ou valeur vénale)	MODE de RÈGLEMENT	le CAS ÉCHÉANT décision de classement ou d'inscription de l'objet (loi du 31 décembre 1913)

NUMÉRO d'ORDRE	DATE de l'ACHAT du dépôt ou de l'apport à l'échange	DESCRIPTION PRÉCISE de l'OBJET nature, dimensions, style, signature et éventuellement signes distinctifs, pour les véhicules automobiles, marque, type, numéro d'ordre dans la série du type (numéro à 17 chiffres), couleur	NOM, PRÉNOM ou dénomination sociale du vendeur, du déposant ou de l'apporteur à l'échange, qualité ou profession, domicile ou siège social

NATURE et NUMÉRO de la pièce d'identité présentée. Indication de l'autorité qui l'a délivrée et date de la délivrance	PRIX d'ACHAT (ou valeur vénale)	MODE de RÈGLEMENT	le CAS ÉCHÉANT décision de classement ou d'inscription de l'objet (loi du 31 décembre 1913)

NUMÉRO d'ORDRE	DATE de l'ACHAT du dépôt ou de l'apport à l'échange	DESCRIPTION PRÉCISE de l'OBJET nature, dimensions, style, signature et éventuellement signes distinctifs, pour les véhicules automobiles, marque, type, numéro d'ordre dans la série du type (numéro à 17 chiffres), couleur	NOM, PRÉNOM ou dénomination sociale du vendeur, du déposant ou de l'apporteur à l'échange, qualité ou profession, domicile ou siège social

NATURE et NUMÉRO de la pièce d'identité présentée. Indication de l'autorité qui l'a délivrée et date de la délivrance	PRIX d'ACHAT (ou valeur vénale)	MODE de RÈGLEMENT	le CAS ÉCHÉANT décision de classement ou d'inscription de l'objet (loi du 31 décembre 1913)

NUMÉRO d'ORDRE	DATE de l'ACHAT du dépôt ou de l'apport à l'échange	DESCRIPTION PRÉCISE de l'OBJET nature, dimensions, style, signature et éventuellement signes distinctifs, pour les véhicules automobiles, marque, type, numéro d'ordre dans la série du type (numéro à 17 chiffres), couleur	NOM, PRÉNOM ou dénomination sociale du vendeur, du déposant ou de l'apporteur à l'échange, qualité ou profession, domicile ou siège social
NUMÉRO d'ORDRE	DATE de l'ACHAT du dépôt ou de l'apport à l'échange	DESCRIPTION PRÉCISE de l'OBJET nature, dimensions, style, signature et éventuellement signes distinctifs, pour les véhicules automobiles, marque, type, numéro d'ordre dans la série du type (numéro à 17 chiffres), couleur	NOM, PRÉNOM ou dénomination sociale du vendeur, du déposant ou de l'apporteur à l'échange, qualité ou profession, domicile ou siège social

NATURE et NUMÉRO de la pièce d'identité présentée. Indication de l'autorité qui l'a délivrée et date de la délivrance	PRIX d'ACHAT (ou valeur vénale)	MODE de RÈGLEMENT	le CAS ÉCHÉANT décision de classement ou d'inscription de l'objet (loi du 31 décembre 1913)

NUMÉRO d'ORDRE	DATE de l'ACHAT du dépôt ou de l'apport à l'échange	DESCRIPTION PRÉCISE de l'OBJET nature, dimensions, style, signature et éventuellement signes distinctifs, pour les véhicules automobiles, marque, type, numéro d'ordre dans la série du type (numéro à 17 chiffres), couleur	NOM, PRÉNOM ou dénomination sociale du vendeur, du déposant ou de l'apporteur à l'échange, qualité ou profession, domicile ou siège social

NATURE et NUMÉRO de la pièce d'identité présentée. Indication de l'autorité qui l'a délivrée et date de la délivrance	PRIX d'ACHAT (ou valeur vénale)	MODE de RÈGLEMENT	le CAS ÉCHÉANT décision de classement ou d'inscription de l'objet (loi du 31 décembre 1913)
NATURE et NUMÉRO de la pièce d'identité présentée. Indication de l'autorité qui l'a délivrée et date de la délivrance	PRIX d'ACHAT (ou valeur vénale)	MODE de RÈGLEMENT	le CAS ÉCHÉANT décision de classement ou d'inscription de l'objet (loi du 31 décembre 1913)

NUMÉRO d'ORDRE	DATE de l'ACHAT du dépôt ou de l'apport à l'échange	DESCRIPTION PRÉCISE de l'OBJET nature, dimensions, style, signature et éventuellement signes distinctifs, pour les véhicules automobiles, marque, type, numéro d'ordre dans la série du type (numéro à 17 chiffres), couleur	NOM, PRÉNOM ou dénomination sociale du vendeur, du déposant ou de l'apporteur à l'échange, qualité ou profession, domicile ou siège social

NATURE et NUMÉRO de la pièce d'identité présentée. Indication de l'autorité qui l'a délivrée et date de la délivrance	PRIX d'ACHAT (ou valeur vénale)	MODE de RÈGLEMENT	le CAS ÉCHÉANT décision de classement ou d'inscription de l'objet (loi du 31 décembre 1913)

www.ingramcontent.com/pod-product-compliance
Lightning Source LLC
Chambersburg PA
CBHW080605220526
45466CB00010B/3258